그리움의 각도

시산맥 해외기획시선 010

그리움의 각도
시산맥 해외기획시선 010

초판 1쇄 발행 | 2020년 2월 1일

지 은 이 | 강민경
펴 낸 이 | 문정영
펴 낸 곳 | 시산맥사
편집주간 | 이성렬
편집위원 | 강경희 안차애 오현정 정재분
등록번호 | 제300-2013-12호
등록일자 | 2009년 4월 15일
주　　소 | 03131 서울특별시 종로구 율곡로 6길 36,
　　　　　월드오피스텔 1102호
전　　화 | 02-764-8722, 010-8894-8722
전자우편 | poemmtss@hanmail.net
시산맥카페 | http://cafe.daum.net/poemmtss

ISBN 979-11-6243-100-9 03810

값 9,000원

* 이 책은 전부 또는 일부 내용을 재사용하려면 반드시 저작권자와 시산맥사의 동의를 받아야 합니다.
* 이 도서의 국립중앙도서관 출판예정도서목록(CIP)은 서지정보유통지원시스템 홈페이지(http://seoji.nl.go.kr)와 국가자료종합목록 구축시스템(http://kolis-net.nl.go.kr)에서 이용하실 수 있습니다. (CIP제어번호 : CIP2020001769)

* 이 시집은 교보문고와 연계하여 전자책으로도 발간됩니다.
* 이 도서는 카카오톡 선물하기 〈독서의 계절〉에서도 구입할 수 있습니다.

그리움의 각도

강민경 시집

* 본문 페이지에서 한 연이 첫 번째 행에서 시작될 때에는 〈 표기를 합니다.

■ 시인의 말

앞만 보고 달려 온 사람에게는
보이는 희망이 가슴 설레는 사람도
절망감에 좌절하고 슬퍼하는 사람도
비중은 각기 다르겠지만
그들대로의 각도가 있습니다

내게 당면한 문제를 해결하지 못하면
나에게만 있는 외로움이 더 야속하지요
그렇다고 14년 동안 꾸준히 즐겨 써왔는데
그만한 일쯤으로 붓을 접을 수는 없지요

내 나름의 각성, 내게 기운 각도를 따라
제3시집 『그리움의 각도』를 드려
고달픈 삶의 각도가 기울지 않기를
소원합니다.

2020년 3월, 강민경

■ 차 례

1부 이슬의 눈

초승달이 바다 위에 – 19
뜨는 해, 지는 해 – 20
아카시아 야단법석이네 – 22
이슬의 눈 – 24
바람의 독후감 – 26
너를 보면 – 28
가을비 소리 – 30
미루나무 잎들이 – 32
바람에 녹아들어 – 34
산속의 낭만 – 35
길가 미루나무를 보고 – 36
진짜 촛불 – 38
여기에도 세상이 – 40
삶의 각도가 – 42

2부 별 하나 받았다고

귀여운 친구들 – 47

거룩한 부자 – 48

노숙자 – 50

숙면 – 52

당신의 소신대로 – 54

별 하나 받았다고 – 56

걱정도 팔자 – 58

맛없는 말 – 60

아름다운 수채화 – 62

돈을 만드는 사람들 – 64

아침의 여운에 – 66

비포장도로에서 – 68

9월이 – 70

12월이 기억하는 첫사랑 – 72

3부 바람의 면류관

안개꽃 연정 – 77

그리움이 익어 – 78

능소화 사랑 – 80

그리움의 각도 – 82

알로에의 보은 – 84

유실물 센터 – 86

창살 없는 감옥이다 – 88

오디 상자 앞에서 – 90

바람의 면류관 – 92

몸과 마음의 반려 – 94

당신은 내 심장이잖아 – 96

세뱃돈을 챙기며 – 98

시간은 내 연인이다 – 100

내가 세상의 문이다 – 102

4부 시와 시인

플루메리아꽃과 나 – 107
수평선 위의 만찬 – 108
불꽃 나무 – 110
담 안의 사과 – 112
11월의 이미지 – 114
시와 시인 – 116
두 개의 그림자 – 118
세상아, 걱정하지 마라 – 120
수족관의 돌고래 – 122
바다를 보는데 – 124
흙, 당신이 되고 싶습니다 – 126
12월의 결단 – 128
너무 예뻐 – 130

■ 해설 | 최연수(시인, 문학평론가) – 132

1부

이슬의 눈

초승달이 바다 위에

바다 위 가느다란
저 길도 길이라고 할 수 있을까

배가 허리에 딱 붙은
초승달

허기진 배 채우려고
은빛 밤 물살로 그물을 엮어
바다 위에 가난한 길을 내고 있다

바다 저쪽을 향하여 서성이는
내 고픈 생각을 살찌우려는 듯
수평선 넘는 돛단배 한 척
초승달이 만들어 낸 좁은 길 내며
잔잔한 바다를 깨우고
길을 건너는 내게 손 내밀어
친구 되자 한다.

뜨는 해, 지는 해

뜨는 해도
지는 해도
눈이 부셔서 마주 볼 수가 없다
왜일까
그렇지,

태어난 날과 그때를
누가 말해주기 전에는
스스로 알지 못하듯

철 든 후에
누구누구를 통해

듣고서야 깨닫게 되는 것처럼

나는
뜨는 해이고, 지는 해이기 때문에
눈을 뜨고도 볼 수 없다

〈
몇 년을 살고 죽을 지
내가 죽는 날이 몇 날 몇 시일지
알 수 없는 까닭에
뜨고 지는 해를 굳이
보려 말고
나고 죽는 날도 생각 말고
성심성의^{誠心誠意} 것 살아라
하는 것이다.

아카시아 야단법석이네

오월,
지금까지 참아 낸 수고 언제였냐는 듯
저 추억의 아카시아
우르르 우르르 한꺼번에 피어
응얼응얼 참아 온 날들을 지우더니
벌, 나비 불러 희희낙락^{喜喜樂樂} 야단법석이네

바람 덩달아 동네방네 들썩여
소문난
향 푸른 숲
꿈꾸는
산과 들의 기화요초^{琪花瑤草} 함께 어우러진 흥겨움
궁둥이 들썩들썩, 팔다리는 우쭐우쭐
언제부터 한 동아리였는지!

넉넉한 인심 베풀고는
더는
기다리지 않기 더 잊히지 않기를
다짐하며 우르르 우르르

서둘러 제 모습 다듬은
오월의 여왕 아카시아
향 맑은 햇살 보듬고
살랑살랑
바람 타는 교태로

많은 사람들에게 기립 박수 받는
환한 웃음 눈부시네, 눈이 부시네!

이슬의 눈

햇빛 드는 길가
작은 나뭇잎 사이 응달에서
숨죽이며 살금살금 다가와

나와
눈 맞추는 눈
이슬에도 눈이 있다

밤새도록 내려
갈증 달래고
아침 햇살에 멱 감고
싱싱하고 탱탱한 몸 가꿨다고
첫선 보이려 나온 새색시처럼
젖은 동공이 참 맑고 곱다

반짝반짝, 소곤소곤
저 선량한 눈망울에
반했는가, 눈이 부셨는가,
멱 감겨주던 햇살마저도

이슬 품 안에 들어
정신을 잃고 까무러치는
그게 다 이슬의 눈이다.

바람의 독후감

타고난 역마살에 깊이 잠들지 못하는
바람의 천만년 세월
강산에 풀, 나무, 바다와 들, 동네와 하늘 위,
구름 책까지 모은 도서관에 들러
다독이고, 흔들고, 뒤집는 세상 깨우치느라
쉴 틈이 없습니다

그 많은 중에 모두의 맘에 쏙 드는
책 찾는 들썩임에 이리저리 몰리며
비틀거리고 부대끼다 상한 흔적들은 흉해도
새싹은 보배롭습니다

저 투정 언제 끝날까
도서실에 책들 쩔쩔매는데 어느새,
모르는 척 새침 떼는 바람
순간을 잡아 몸속 한쪽을 채운 포만감은
먼 길 돌고 돌아 가뭇한 새벽
어느 곳에서 왔는지!
때 없이 불쑥 나타나 통성명 없이 쓴

독후감이 맘에 들었느냐며 제가 저지른

흉터는 안중에 두지 않습니다

들쑥날쑥 매끄럽지는 않아도 세상 모든
도서관 안에
있는 정 없는 정 다 쏟았으니
제 할 일은 여기까지였다는 당당함
하늘에 흩어진 구름까지 엮어 놓은 자상함과
그의 파란만장한 생의 내일이 보입니다.

너를 보면

방파제를 뛰어넘겠다는 일념에
밤낮, 수만 번씩이라도
제 몸 바숴 내리면서 기꺼운
너의 그 줄기찬 고집 꺾지 못하는
파도, 너를 보면
흰 머리칼에 검은 염색물 들이대며
못다 푼 청춘의 속병이
지글지글 끓이는 너 닮은 나를 듣는다

푸르던 날 머뭇거리다 놓쳐버린
세월에 괸 희망의 빛 쪼가리 못 잊고
깊은 우물물 길어 올리듯 공들이는
미래를 알지 못해 묻고 또 물어도 답이 없는데

단숨에 '산'이라도 옮길 것 같이
커다랗게 출렁이다가, 불시에 삭아
거품을 물고 나가떨어지는 나 아닌, 내가
날이면 날마다 파도를 따라가는 애 끓임일 뿐

〈
사람으로 살기 위해
눈 맞는 돌멩이처럼 오래 견디며
내가 지워질 그 날 그 순간까지

영원히 존재할 끝자락 비밀스러운
숙제를, 어디서부터 어떻게 풀어야 할 것인지
어떤 이는 마음을 비우는 일이라고 했는데
앞을 향해 나는 저 새들은 마음을 비웠을까.

가을비 소리

산책길 비 피하려고
뉘 집 처마 밑에 들어
발밑을 살피는데
열매 몇 알 떨어져 있다

단내를 따라 줄을 잇는 개미 떼
민감한 후각 앞세운 주인 행세라니
먹음직스런 열매를 열어
달콤한 맛에 푹 빠진 잔치
지척에 있는 나에겐 관심도 없다

열매에 살 올려놓고 떠나는
가을비의 배려였을까
저 때문에 굶주릴지도 모를
새와 개미를 걱정한 걸까
하나같이 빨갛고 노랗게 잘 익은 것들이다
꽃술을 털어내며 커지는 잘 익은 열매를 보면서
오지고 기뻤던 기억의 한편은
실패한 인생 같아 스산하다

〈
자연의 섭리라지만
내 가슴속에 이는 생성^{生成}의 외침
결실을 보고 떠나보내는
시간의 질곡^{桎梏}을 벗어나지 못한
가을비 소리
듣는 이의 가슴에 젖어든다.

미루나무 잎들이

창밖, 건물과 건물 사이
바람에 몸을 뒤채며 팔랑거리는
미루나무 잎 반짝이는 모양이
다이아몬드가 뻗어 내는 크고 작은
빛 알갱이 같다고 생각을 하다가
흐렸다가도 맑고
밝았다가도 금방 흐려지는
우리 인생살이를 생각합니다

그냥 내게 주어진 만큼만
흔들었으면 좋겠는데
광야 같은 삶에서 살아남기 위한
어린잎들의 아우성에 고이는 진땀
어떤 이유로도 잉태한
생명은 지켜야 합니다

폭풍우든 실바람이든 기쁨이나 슬픔까지
작은 허물조차
다독여 끌어안도록

세상의 슬기 배우라는 강권은
종종 뇌성벽력 같은 충격으로 부딪치게 되지만
너나 나에게 오히려 보약임을 곧 깨달아
흔드는 바람을 피해 정숙한 삶의 꿈을 꿉니다

햇빛 찬란한 아침이 순식간에
검은 구름에 가려져 빗방울 떨구는
변덕에도 흔들림 없이 제 나름대로
희로애락喜怒哀樂 다듬는
크고 작은 빛의 미루나무 팔랑거리는 잎들 속에
스민 내 모습 대견합니다.

바람에 녹아들어

한낮의 더위에 지쳐 있을 때
성큼 다가와 땀 식혀주고
훌쩍 떠나는
너의 뒷모습은
절대 삭아 없어지지 않는 아쉬움이다

푸른 하늘을 호수라 생각하며
다시 올 너를 기다리는 사이
고향 시냇물에서 멱 감던
동무들이 먼저 찾아오고
시샘하듯 달려온 네게
벌거벗은 몸을 맡기고도 좋아서
히죽히죽 웃고 떠들었는데
그리운 이를 만난 반가움이 어디
이만하겠냐 싶다

잘게 부순 햇빛 알갱이 같은 바람
너에게 젖어 있으면
순수하던 그때 그날이 새롭고
포근하여 참 좋다.

산속의 낭만

계곡물은 강물이 보고 싶어서
소리소리 지르며 데굴데굴 구르고

물푸레나무는 파랗게 물들고 싶어서
계곡물 찾아 미끄러지고

벌 나비는 설레는 가슴으로 꽃 찾아
풀잎 사이사이를 더듬으며 아우르고

산새는 맑게 갠 하늘이
질투가 나
난봉꾼 소리 들어도 좋다고
암놈 꼬리를 물고 날고

그이는 내가 좋아서 날 따라오는데
나는 나이도 잊고 싱글벙글 신났다.

길가 미루나무를 보고

동네 길가
잎 다 털어 내어 개운하고

매끄러워 뵈는 미루나무의 깔끔한 결단이
쓸쓸함보다는 시원스러워 보인다
추구함이 각각 다르듯
단풍 든 나무 색깔도 천차만별이라서
곱고 예쁘다는 감탄 먼저에
마음을 빼앗기기도 하지만
나는 왜 잎 하나 남기지 않은
쭉 곧고 매끄러운 너에게 먼저
마음이 끌리는 걸까

색색으로 멋들어 떠나는 길
화려하게 지려 받고 가게 하는
나뭇잎들이 볼품없이 시들어
발밑에서 바스락거리는 소리에
고향의 한길에서 말없이 땡볕만 빨아들이던
키 큰 네가, 내게 다가와 어제의 나와

오늘의 나를 돌아보라는 강권인 듯
그때의 나를 깨우는 추억의 단상이다만

꼭 다 비우고 가야 할 길이라면
나도
너처럼 곱고 매끄럽게 시원시원한
몸단속을 하고 싶은 것일 거다.

진짜 촛불

촛불 대 여섯에
둘러싸인
아기 돌상이 환하고 아름다워
가까이 다가가 보니
땀 한 방울 흘린 일 없는 전기촛불
피땀 쏟는 촛불 사이사이에서
진짜 행세를 하며 당당하다

아니 이럴 수가!
진실이 왜곡된 세상이라니!
앞날은 암울하다

착하고, 성실하게 살아
후세에 본을 보이려는 희망을 비웃듯
몸 바쳐 일하는 이들의 숨통을 조이며
잇속만 챙기려는 사람들도 있는데

미련하고 곧아
북통이라 불리면서도

궂은일 마다치 않고, 뼈를 깎으며
외길 걸어온 이민자들
시작은 처절해 보였지만 용기 있는 그들은
이 땅의 선구자요, 진짜 촛불입니다.

여기에도 세상이

여행에서 돌아온 뒤
오랜만에 오르는 첫 산행길이

예상과는 다르게
차가 들락거릴 만큼 폭넓고 환해서
마음을 놓는데 시샘이라도 하는 듯
남녀 구분도 안 되는 발자국으로
뒤엉킨 진창이 앞을 가로막는다

같은 무리가 되고 싶지 않아
옷자락을 거머쥐고
까치발로 앞만 보고 가는데
누군가가 옷자락을 잡아끌어
뒤돌아보는데 정신 차리라는 듯
딱 하고 이마를 때리는 나뭇가지의 당돌한 말
'산속이라고 세상이 없는 줄 알면' 큰 오산이라고
짓궂은 개구쟁이처럼 머리를 흔들며 노려본다
억울해서 울상이 되는데

〈
재미있어하는 그이
세상은 어느 곳이라도 있는데
당신만 피해 가려 했으니
그 나뭇가지, 안타까워
심술이 동했나 봐 하며 웃는다
따라 웃을 수밖에 없는

나는
어느새, 여기를 건넌 사람들과
한 동아리로 얽혀 있었다.

삶의 각도가

사람과 사람 사이에 일렁이는
경쟁의식에는
때때로 거짓과 불신으로 얽힌
복잡하고 다양한
삶의 각도가 있어 혼돈합니다

산천초목은 한결같이
해가 동쪽에서 떠서 서쪽으로 지듯
햇빛과 그늘진 곳을 따라
크고 작은 꽃을 피우고
그 모양과 색깔과 농도가 다른
열매를 내는 순수함으로
저마다 받은 사명만큼의
각도를 그립니다

사람들은 여름이면 찜통더위를 피해
그늘을 찾고 강이나 바다를 가까이하면서
시와 때도 없이

〈
더 높이 더 많이 가져야 직성이 풀리는 듯
끝을 향해 달리며 울고 웃는
그림자를 돌아보면서 최선의 삶을 살아온 날처럼
철이 듭니다

다 같이 자연의 순수함을 닮아
높낮이에 연연하지 않는
한결같은 사랑으로 자족하는 만큼에
실패와 성공의 성취는
사랑의 각도를 따라 하나 된
서로의 가슴을 나누며 행복합니다.

2부

별 하나 받았다고

귀여운 친구들

바람을 이고 하늘을 날아
내 가슴 안으로 들어온 새 한 마리
문지방 넘어 들어올 듯, 말 듯
작은 머리 갸웃갸웃 짹짹짹
앙증맞은 목울대 들쑥날쑥 이쪽저쪽 살피는
나를 붙드는 재롱이 귀엽다

나도 저도 생태 다른 생이지만
다른 언어를 쓰지만
친해지면 마음이 통할 것 같아서
모이 조금 나눠 줬더니
다음엔 한 마리 더, 또 다음엔
꽤 여러 마리가 같이 왔다가 같이 떠난다
새는 작은 머리로도
친구나 이웃을 챙길 줄 아는구나!

모이 그릇이 비워지는 것을 보며
자꾸 어지러워지는 부담스러움
이쯤에서 보내야겠다고 머리 쓰는 나보다
의리를 앞세우는 새들을 보니 부끄럽다
어쩌다, 이제야 새들을 부러워하는 것인지!

거룩한 부자

카피올라니 공원의 아침은
무리 지어 움직이는 새와 비둘기 떼가
모이를 주는
노숙자를 따라 와글와글 야단법석이다

저 먹을 것도 부족할 텐데
새와 비둘기 떼를 거두는
가난한 노숙자의 선한 마음에는
비워도 비워지지 않는 부자가 산다

줄 것도 없으면서
가난까지 다 내어 준 오지랖이라고 비난하겠지만
대가를 바라지 않는 순수함에는
보통 사람이 따라 할 수 없는
거룩한 소통이 있어
내 안일만을 따라가는 세상을
돌아보게 한다

카피올라니 공원에 아침

새와 비둘기 떼
노숙자의 손등 어깨 거리낌 없이 친숙해
노는 모습이 아름답다
잠시 세상을 잊고 천국을 다녀온 기분이다.

노숙자

밤낮없이
와이키키 해변, 갓길 벤치에
앉고 더러는 누워
바람만 먹고도 슬금슬금 세를 이루는

노숙자들이 고구마 넝쿨 같다

암실을 향해 뻗는 저 뿌리들의
세상에 나오지 않으려는 오기는
자루 속에 든 고구마 같아
이쪽에서 쫓으면 저쪽으로
저쪽에서 쫓으면 이쪽으로 돌며
단속반과 밀고 당기는
실랑이
늦은 밤까지 지칠 줄 모른다

가로등 불빛이 어둠을 벗기는 밤이면
더 죽죽 뻗어 나가는 저 많은 고구마 넝쿨들
다 걷어 내느라 목이 쉬도록 지쳐버린

경찰들의 어깨는 신명 날 만한데 오히려
물먹은 솜방망이처럼 무겁기만 하다

쫓겨난 노숙자들이 있던 그 자리에
정처 없이 떠도는 몇몇 옷가지며 비닐봉지들
망연자실하여
또 다른 노숙자로
주인을 기다리는 것일까?
불어오는 바람결에 이리저리 살피며
한숨짓는다.

숙면 熟眠

저녁 식사 후의
와이키키 바닷가 큰길은
세계의 언어들이
파도처럼 밀려오고 밀려다닌다

어둠에 잘 길든 등 굽은 가로등
소리 없는 종소리처럼 따라다니며
지칠 줄 모르고

거리의 악사들 노랫소리
여러 종류의 볼거리들로
인산인해 人山人海를 이루는 소음에도
끄떡없이, 틈만 나면 번식을 꿈꾸는
정자나무
이리저리 휩쓸리는
관광객들의 눈길 잡아끄는 덩치 자랑은
제품에서 곤히 잠든 새들은 안중에 없었는데

일일 노동에 지쳤는가! 만족한 것인가!

세상만사 다 잊고 잠든

꽃송이 같은 부동의 새들이 더
부러운 나는
세상에 감춰진 내 안의 고요를 꺼낸다

오늘 밤은
저 새들처럼 깊이 잠들 수 있겠다.

당신의 소신대로

여보, 내가 해야 하는 일이 있는데
해도 걱정이고, 안 해도 걱정인데
당신이라면 어땠을까?

그 일이
어떤 일인지는 잘 모르지만
세상은 당신을 기다려 주지 않아요
그러니, 나라면 내 소신대로 할 겁니다

만일 당신 하는 일이 잘 안 되었다 해도
당신과 내가
서로 바라보는 마음이 같다면

걱정할 것 없잖아요

하루하루 버텨 온 세월이
당신과 나의 세상을
모두에게, 평화롭고
더 넓고

더 여유로운
세상으로 또 다른 발을 내밀 때
당신의 길은, 또 나의 길은
그만큼 많이
평탄해져 있을 거라고 믿어요.

별 하나 받았다고

교회 유치부 아이들은 삼삼오오 짝지어
손전등과 목장갑, 속이 깊은 바게트를 챙겨
오밤중 바닷가 모래사장으로
게 잡으러 가고

나이 든 나는 그이와 함께
지친 몸 해풍을 피해
방풍림에 바람막이 삼아 등을 기대고
피곤을 푸는데
어둠 속 반들거리는 지네 한 마리
여기는 내 집이라며 나뭇가지 위
오락가락 나를 밀어낸다

오싹, 소름이 돋고 오금이 저려 와
도망치듯 숨죽여 모래밭에 주저앉는데
하늘은 까맣고 깜깜할수록
더욱더 또렷한 수많은 큰 별 작은 별
초롱초롱하다는 말 끝내기 무섭게
허공을 가르며 내게로 떨어지는 유성 하나

〈
어어 어
얼결에 받아 안고 자세히 들여다보는데
아니, 이게 누구야?
그토록 크고 찬란해 뵈던 별이
바로 내 옆자리 차지한 보화 덩어리
그이였다니!

걱정도 팔자

산행길 저 나무 우듬지
새색시 입술 같은 붉은 산 사과에

키스를 퍼붓는 파랑새
인기척에 놀란 듯 포르르 폴짝폴짝
서너 걸음 물러나 내 눈치를 살핀다

무심결에 버릇처럼
저 새들은 겨울엔 무얼 먹고 살지
골똘한데
내 어깨를 툭 치며 떨어지는 라이치*
잘 익은 껍질과 하얀 속살이
달콤한 냄새를 풍기며 날 유혹한다

계절 없는 여름뿐인 자연
밤낮없이 예비한 열매들 지천인 하와이에서
근 40년을 살았으면서도
아직 여기가 사계절 뚜렷한 고국으로 아느냐고
또 다른 라이치 툭 떨어지며 이번엔 머리를 친다

걱정도 팔자라고 미망^{迷妄}*에서 깨어나란다.

*라이치 : 과일 명.
*미망 : (사리에 어두워) 실제로 없는 것을 있는 것처럼 생각하는 일. 또는 그런 잘못된 생각.

맛없는 말*

부모 형제, 부부가 서로의
이름을 불러야 친근하다는 미국의
이디엄*과 한국 이디엄의 차이에
아이, 어른, 너, 나 없이 자주 부대낀다
이방인 되지 않겠다는
아이들을 따라가는 나는
흰색도 검정도 아닌 회색인^

언어에 허기진 이민자로서
감당해야 할 몫이지만
언제 어디서나 나는 한국인
내 맛없는 말일 때 진한 나물국 맛 같은
오늘이 미래인 것만 같아도

종종 저녁 시간을 놓친
아이들의 음식을 챙기는
부모의 마음을 헤아리기보다
제 일은 저 스스로 하겠다고
마땅찮아 하는 것을

아이의 잘못이라고만 할 수 없다

이민자가 아니었더라도
부모가 자식에게, 자식이 부모에게,
이따위 시시한 일로 부대끼며
무안해하고 낯설어했을까
오늘은 언제나 과거요
미래가 아니라면 좋겠는데!

*민족사의 언어, 한민족이나 국민의 말.

아름다운 수채화

햇빛 따가운 정오
발 디딜 틈 없는
카스코 앞 식당엔 할머니 할아버지
엄마 아빠와 같이 온
계집아이 사내아이 삼 삼 오오
식탁에 둘러앉아, 핫도그 피차 요것 햄버거
커피 코카콜라 올려놓고 취향마다 다른 사람들이
한 폭의 그림을 그린다

무엇이든 흔들어야 존재를 알리는 바람
가지런한 종이수건 들썩이고
한 조각 빵을 얻기 위한
비둘기와 참새들 종종걸음치고
나부대던 아이들 자기 자리 찾아
잠잠한 식탁 앞

배 많이 고팠구나! 천천히 꼭꼭 씹어 먹으라며
걱정하는 엄마의 말, 듣는 둥 마는 둥
할머니 먼저 챙기는 순정 넘치는

따끈따끈한
카스코 앞 식당 풍경에 끌려 한 동아리 된
나와, 바람과 햇빛과 비둘기와 참새까지
조화를 이룬 톡톡 튀는 색깔들

어떤 것 하나라도 빠뜨릴 수 없는
한 폭의 아름다운 수채화 속,
주인공들이다.

돈을 만드는 사람들

황혼을 기다렸다는 듯
금속 탐지기 챙겨 들고, 귀에 청진기를 꽂고
조그마한 빈 주머니 허리춤에 매단 한 사람이
백사장 모래알 속을 촘촘히 뒤적이느라
오고 가는 사람에게 눈길 한번 마주칠 새 없다

처음엔 나도 무심히 지나쳤는데
자주 부딪치면서 조금씩 동하는
호기심, 무엇에 저리 자신을 주어버렸지
아니 저런,
물귀신이 되어도 좋단 말인가
바닷속 깊이를 상관 않다니
온 산천을 쑤시는 벌새처럼
끝없는 바닷가 모래 속 뒤지다
물속까지 뛰어들어 촘촘한
세월을 짜깁는다

헐렁한 사람들이 헐렁하게 흘리고 간
황금 조각의 유혹에 정신줄을 놓아버렸나

어둠 타는 질기고 거센 저 뚝심
진지하고 새롭고 신성하다

언젠가 바다에서 수영하다 잃어버린
내 18K 금반지도 저 사람이 캐냈을까
멀어 보이던 그 사람이 갑자기
가까워졌을 그때
지은 죄 없이 쫓기듯 집으로 돌아올 생각 말고
저 사람에게 부탁했더라면 찾았을 텐데!

아침의 여운(餘韻)에

새들의 재재거림과
바람의 노크 소리에 귀가 열리고
여명의 키스와
햇빛의 방문에 눈이 뜨입니다

지친 몸
무언가 하고 싶어서
일어나는 것이 아닙니다
다람쥐 쳇바퀴 돌 듯 돌아가는 세상에서
더는 희망이 없는 줄 알지만
그래도, 아침은 꼬박꼬박 찾아오고
생은 아직 남았습니다

새것을 바라지 마세요
성경 말씀 전도서 1장 9절
"이미 있던 것이 후에 다시 있겠고 이미 한 일을
후에 다시 할지라, 해 아래는 새것이 없나니"
그냥 눈을 뜨세요 그리고 느끼세요
피부에 닿는 감각이 힘입니다

새날을 만들고, 새날로 살아가는

아름다운 음악이 있습니다
달콤한 키스가 있습니다
방 안으로 들어온 햇빛이 내 몸을 핥고 지나갈 때마다
키득키득 내 일상이 간지럼을 더는 참지 못하고
장난처럼 세상으로 뛰쳐나갑니다

바람은 누구의 도움을 받지 않아도
자유로이 제 몫을 챙길 줄 알아
수시로 나뭇잎을 흔들고 핥고 부러뜨리는
혼돈에도 드러나지 않는 그리움이나
지겨움이나 즐거움이나 아쉬움 등등
잦은 변덕은 누구의 충고인지 음모인지
먹먹함만을 안겨주는 멍울진 관심이고
내게 밝아오는 동녘 하늘은 늘
붉게 타오르는 아침의 여운으로
재재거리는 새 소리와
기척 없이 온 바람과
이불 속에서 뭉그적거린 일상으로
두껍게 굳어 있습니다.

비포장도로에서

유년 시절에는 산길 들길 구별 없이
다 내 길이라는 생각에 거침이 없었다
푸른 잔디를 밟는
발바닥은 부드럽고 포근하여
이 또한 내가 오갈 길이라는 생각에
바짓가랑이 적셔오는 흙탕물 따위에 기죽어
속도를 줄인다거나 소심할 줄도 몰랐지

발자국을 늘리면서
비포장도로 위 순수한 아이는 간 곳 없고
저 죽을 자리라도 뛰어드는 불나방처럼
환하고 구김살 없는 포장도로의 유혹에 붙잡혀
등줄기에 피땀 고이는 줄도 모른다

이건, 어제오늘로 끝나지 않을
나와 당신 둘에게 영원히 들썩이는
바람의 특징! 끝이 아니다

울퉁불퉁 구불구불 돌고 돌다

다가선 황혼 돌아보면
환하게 뻥 뚫린 포장된 도로가
한결 편한데
잊은 적 없는 고향의 푸른 산과 들에 뛰놀던
동무들이 먼저와 반기는 소리
추억에 절여 골똘하다.

9월이

가지 말라 한다고
아니 갈 리 없고
오지 말라 한다고 오지 않을
네가 아니기에
나는 나대로 내 자리에서
내 할 일을 하며 기다렸지

8월은 제 할 일을 마치고
9월은 해야 할 일을 찾아오고
나는 내 자리에서 내 할 일을 맞았지
땡볕으로 온, 볕을 받들어 열매를 익히려는
땀 흘리게 한, 땀을 닦아주러 온
8월에, 9월에, 할 일을 찾아 꽉 채운
나도
세상 한 귀퉁이를 차지한 공동체

고개 한번 넘으면 하루가 가고
마음 한번 접으면 한 해가 가고
세월 한 해 한 해 보내다

저물고 말 듯
8월 땀내로 큰
9월 선들바람에 익은
열매와 내 이력은 서로의
안팎을 감싸며 전력을 쏟아 넣습니다.

12월이 기억하는 첫사랑

홀로 남겨진, 첫날부터 설렙니다
하루 한 날씩 지워질 오늘 뒤의
내일은 스물아홉 밤이나
스물여덟 밤이거나 서른, 아니 서른 한밤중에
흐르는 여유라면, 아직은 할 일이 많아
길고 긴 시간이 생명이라고
할 말이 많아집니다

일월은 이월에
이월은 삼월에
삼월은 사월에
사월은 오월에
오월은 유월에
유월은 칠월에
칠월은 팔월에
팔월은 구월에
구월은 시월에
시월은 동짓달에
십일월은 십이월에

다 내려놓고 안식을 즐깁니다

십이월은 흰 눈을 얼싸안으며 떱니다
기다림의 끝 날은 언제나
삼백육십오 일을 다 채운 뒤라고
제 몸 사위는 줄 모릅니다
십이월의 숙명이 된
첫사랑의 기억
일월 일 일 새벽 벽두 찬란한 희망을 보려고
망설이지 않고 제 몸을 바칩니다.

3부

바람의 면류관

안개꽃 연정

화원 안
밤하늘에 은하수 같다가
어둠 속 반딧불 같은 안개꽃이
새빨간 장미를 앞세우고
갓 결혼한 신부가 하객을 맞이하듯
나붓나붓 내게 인사를 합니다

둘이 하나를 이룬
아름다운 공존을 선포하는
안개꽃과 장미
천생배필天生配匹입니다

안개꽃 한 다발
장미 한 송이 사 들고 오면서
좋아할 그이의 모습을 그려보는 내 마음을
입이 먼저 알고
흐뭇한 미소를 흘립니다

그이는 내 장미
나는 그이의 안개꽃
생각만 해도 우리는 환상의 연인입니다.

그리움이 익어

사과가
짧은 가을볕 끌어모아
제 가슴 열어 살찌운 불그레한 볼
빤지르르 눈이 부시다

어제 아침까지도
비릿한 풋내 풍기는 소녀였는데
어느새
농익어 탱탱한 탄력
열아홉 처녀 같다

가을 짧은 해님 사랑
얼마나 따끈따끈했기에
얼굴을 저처럼 밝고
환하게 다듬어 놓았는가

예쁜 아기 볼 꽉 깨물어 울리듯
한입 베어 물고 싶은 유혹
첫눈에 열아홉 봄 처녀였더라면

세상천지 다 내 것인 양
더 숨겨야 할 고향 그리움 같은 건
애당초 없었을 것인데.

능소화 사랑

임금님 계시는 구중궁궐 안
담 한 칸 사이를 둔 지척인데
수많은 밤 하루 같은
기다림의 파문 촘촘한 별자리처럼
가슴에 박혔습니다

오시는 듯 기척 없는
임의 발자취 쫓아 어제도 오늘도
담장 밖 당신 안에 나를 심어
휑한 길을 지킵니다

하룻밤 만리장성에 꺾인 꽃이라도
그 밤,
임금님을 모신 한 송이
고귀한 꽃이었으므로 당신께도
내가 아직 그리움일까
바람에 나뭇잎만 흔들려도
행여나, 행여나, 귀 쫑긋거리다가

〈
단번에 숨줄을 놓고만
나를 보는 사람들은 오늘도
임금님과 주황색 능소화에 얽힌
사랑을 기억하며 안타까워합니다.

그리움의 각도

딸 출산일이 늦어져
혼자 먹는 밥상머리에서 주춤거릴
그이에게 가는 그리움의 각도가 있습니다

한여름 펄펄 끓는 신열 같은
꽁꽁 얼어붙은 동장군 같은, 변덕쟁이들
각자의 수평을 주장하는 틈으로
기척 없이 배어든 자아의 조용함으로
제 목소리 낮출 줄 모르는 바닷물의 소리로
다가오고, 다가가는, 길고도 짧아 뵈는
차이이지요, 마음 상하면

아이고, 저 꼴통 어디에 쓸고, 라며 탄식하는
내 안에 푸념을 순식간에 아주 순간적으로
날려 보내는, 사실은
든든한 서로의 주장, 그에게만 통하는
나에게만 더 무거워 뵈는
사랑이란 이름의 멍에입니다

〈
어찌어찌 사랑을 알았을 때
당신에게 가장 소중한 사람이 누구지요, 라고
반문하면 '그걸 알아 뭘 하려고' 버럭 화난 것처럼
속을 뒤집어 보이지 않는, 어디에도 나는 없지만
우리가 오늘은 왜, 딸 앞으로 뒤로 내달리며
서로의 음성을 더듬고 있는지
혼자서 받은 밥상만이 깨우쳐 주는
깊디깊은 믿음의 소산입니다.

알로에의 보은

드디어 저를 보듬어 주시네요
기약도 없는 해바라기 세월
시린 동고동락의 36년은 절대 짧지 않았는데
그 시름 참아낸 오늘이 내게 감개무량입니다

언젠가는 알아주실 거라는 믿음 하나로
7, 8월 땡볕 열기에 목마름을
먼 바람 속 비 냄새만으로
앙상한 뼈만으로 버틴 내 자존심이
오늘 나에게 보배로운 영화입니다

버리지 않고 고단한 이삿짐 속에 챙겨주신
은혜로 생명을 보존한 이 몸
사랑하는 임께 바치오니 행여 미안하다 마시고
내 몸속 진액으로 햇볕에 그을린
당신 얼굴을 가꾸소서
불에 데어 확확할 때,
김치 담근 손이 아릴 때, 언제라도
찾으시면, 득달같이 달려오겠나이다

같은 하늘을 우러러 살면서
알게 모르게 그리워한
내 일편단심에 고진감래랄까요

견우와 직녀의 만남 같은 오늘,
이 순간이
영원할 우리 사랑에 내일이 있습니다.

유실물 센터

이제나저제나 주인 기다리다 전신 마비된
디지털카메라, 노트북, 전화기, 지갑 등등
몇 날 며칠이 흘렀는지
짙은 어둠만 쌓이는 좁고 텁텁한
유실물 센터의 방이 가시방석입니다

돌아눕거나 숨을 고를 수도 없어
응어리진 갈증의 하소연에도
고집불통 아버지 같은 유실물 센터의
문은 언제쯤 열릴지
스스로 최면을 걸고
주인이 찾아오기만을 기다립니다

주인의 애첩으로 동분서주하던
디지털카메라
먹어도 먹어도 질리지 않는 허기에
진수성찬의 풍경이 그리워
질식해 돌아가실 것 같다는 하소연이
그 옹고집을 녹인 걸까

드디어, 새 주인 맞는 강권의 문 열리고
경매로 팔린 낯 선 떨림을 끌어안습니다

할 수 있는 일, 힘껏 하는 것이 나의
임무라고 옛정 체념하는 법을 익히는데
새 주인 찾지 못해 어깨 처진
동료들의 뒷모습에 전날의 내가 있습니다
하루속히 '가시' 없는 방에 들기를 바라며
두 손을 모읍니다.

창살 없는 감옥이다

아무도
나를, 감기라는 죄목을 씌워
감옥 속에 가둔 일 없는데
보이지 않는 이 창살은 어찌해서
내 자유를 구속하는가

일부러
아무렇지 않은 척 애쓰는 딸보다 앞서는
나 자신의 두려움
아기에게, 어미에게
감기 옮겨 줄까 봐 지은 죄 없이 조심스러워
가까이 갈 수 없는 지척이
그야말로 창살 없는 감옥이다

감옥이라는 언어만으로도
경계의 눈초리 맵고 싸늘해야 맞는데
스스로 움츠리는 나를
위로하는 우렁찬 갓난아기의 울음소리

〈
그랬다
이만큼 떨어져 있어도 지척에서
너를 보는 듯 감기님을 내 보내느라
온 힘 쏟아 감옥을 걷어낸다.

오디 상자 앞에서

슈퍼에 갔다가
좌판 위에 놓인
검은 오디 앞에서
나는 영락없는 옛사람이다

주둥이 까맣게 물들이며
네 것, 내 것, 구별 없이 질리도록
나눠 먹던 생각에 군침이 돌아
쉽게, 작은 오디 상자를 들었다가
높은 가격표에 밀려 손힘이 풀리고
가난했지만 서로 배려하던
풋풋하고 따끈따끈하던
옛 인심만으로 허기를 채운다

흔해서 하찮게 여기던 것들이
때를 만나 이리 귀한 대접을 받는데
하물며, 사람 목숨은 왜 자꾸
내리막길을 구르는 돌 취급을 받는지!

〈
세월호 사건의 참담한 현실 앞에서
네 탓, 내 탓만 찾다가
제 뱃속 썩는 냄새에 붙들려
하늘 찔러대는 한숨 소리에 닫힌 귀
내가 먼저 본이 되지 못하였으니
누구를 탓하겠는가
오늘에야 겨우, 슈퍼 좌판 위 자리한
작은 오디 한 알 한 알에 새겨진 귀중함을 본다.

바람의 면류관

바람 앞에
좋은 세월 다 흔들어 보내고
오로지 하늘바라기를 하는
야자나무 올곧은 모습에서
아버지를 봅니다

얼마나 막막했겠습니까
곁가지 하나 없는 외 기둥 야자나무의
저 높은 키처럼
아버지는 이 너른 세상에서 삼 대 독자였다지요

우리 육 남매
먹이고 입히고 키우느라
등허리 휠 만도 한데
꼬장꼬장한 성격 굽히느니 차라리
부러지는 게 낫다고 일찍 돌아가셨습니다

괜찮습니다, 아버지
이 여식

큰 부자는 아니지만
물려주신 올곧은 정신 본받아
다복한 가정 이루고 아들딸 잘 키워냈습니다.

몸과 마음의 반려(伴侶)

허리가 휘청거리고
보폭이 짧아지며 발목이 시큰하다고
몸이 늘어지자
마음이 서둘러 가야 한다고 강권하면서도
자꾸만 앉을 자리를 찾는다

그렇다, 몸도 마음도 내 것이지만
마음이 움직여야 몸이 따른다
오늘은 마음이 몸을 운동시키기 위해
다이아몬드 헤드 한 바퀴 돌자는 제안으로
선심 베풀었으니, 몸은 마음에
감사해야 하는 것이 맞는데

몸이 지친다는 잦은 호소를
마음이 양보할 수 없다 하니 큰일이다
겁 많은 몸이, 마음을 껴안고 살살 쓰다듬으며
잠깐만, 아주 잠시만, 앉았다 가자는 애교 눈물겹다

어쩔 수 없다는 걸 아는, 마음

선심이라도 쓰는 듯 그럼 딱 5분 만이야
다짐받은 일 언제냐는 듯, 밤바다에 빠져
몸을 위하는 척, '5분만 더' 하며 뭉그적거리는
마음을 못마땅해 하는 몸, 서두르며
우린 둘인 것 같지만 하나야!
당신이 늦장 부리면 나도 무너져
우린 서로 힘을 모아야 온전한 하나거든
서둘러 돌아가야 해
우린 떨어질 수 없는 짝이거든 우린 지금 급해!

당신은 내 심장이잖아

그이와
거리의 여유를 꽉 채우고
손과 손을 꼭 잡고 가다 동하는
장난기, 집게손가락 빳빳이 세워
그이의 옆구리 콕콕 찔러
서로를 확인하는 산책길 정겹다

어허! 버릇없이
하늘 같은 남편 옆구릴 함부로 찌르다니
쥐어박는 듯한, 그러나 싫지 않은
목소리의 훈훈한 톤 귓가에 여울져 오면

왜? 뭐가 잘 못 됐나요
한 옥타브 더 올린 히스테릭 한
내 대답
당신은 내 심장이잖아. 아닌가요? 라며
가재 눈 추켜올리면

그 심장 어딘지 나는 모르겠는데

딱 잡아떼다가도
아차! 그렇지! 그래!
내 옆에 둔 걸 깜빡했네!
그러니까
귀한 줄 알았으면 더더욱 아껴야지
아프게 하면 쓰나
너털웃음, 은근슬쩍 허공을 메우는
때맞춰 불어오는 산들바람
상큼하다.

세뱃돈을 챙기며

큰아들 내외와 두 손자 것
작은아들 내외와 손자 손녀 것
딸 내외와 외손자 외손녀 것
따로따로 세뱃돈을 챙기며
내년에도 이런 날이 있을까
잠시 잠깐 생명의 끈을 점검한다

새해 첫날 아침 창밖의
햇살이 이런 내 마음을 들여다본 듯
맑고 밝게 내 몸을 감싸는 따뜻함

새날은 특별히 챙기지 않아도
당연히 챙길 줄을 알고
조상님부터 막내에 이르기까지
손가락 꼽으며 심지어 가까운
친지까지 챙기는데
나는 언제나 빠지고 없어도
없다는 생각이 안 드는지
겨우 알아챈다

〈
나는 어머니다
어느새, 어머니가 되고
잊고 살던 어머니는
내 어머니였다는 걸 이제야 깨달아
돌아볼 줄 알게 된 것이다
아, 내 세월에, 내가 이리 무심하다니
기어이 어머니를 닮았어!

시간은 내 연인이다

내가 아주 조금씩 지워져 가고
자나 깨나 앉으나 서나
순간순간 지치고 부대끼는 삶 속에
일 초라도 떨어진 적 없어
서로 알아본 참모습이 들어가 있는 것을 전혀
눈치채지 못하는 것 같지만, 사실은
가장 잘 압니다

나나 혹은 당신이 애인 사이였다는 것을
서로 시인하기 이전이나 나중이라고
행여 흔적 지울라치면
태어난 그 시간부터 당신이 주인이었다고 준비 없는
준비를 서두르며 형형색색으로 드러낸 하늘과 땅의 역사를
갈무리하는 무한하므로 다가와
부추기고, 추근대고, 강요한 일 없이
내 안에서, 당신 안에서 이뤄지는 생애에
소멸이란 단어를 지웁니다

〈
언제 무슨 일이든 굼떠 보여도
사실은 순간순간마다 일일이
그냥 지나치는 일 없는 당신은 나 자신이고
나는 당연한 당신이므로 영혼을 맡기고
맡아서 보살피는 지금 이 시각도
떨어지지 못하고 티격태격
분, 초를 다투며 서로 확인받으며
끝이 안 보입니다.
…

내가 세상의 문이다

내 생에 남은 사 분의 일은
오후 여섯 시,
이십 사시의 한 귀퉁이에 불과하지만
소중한 것은 언제나
귀퉁이로 남은 마지막 부분이다

저무는 해를 따라 벌겋게 상기한
오후 여섯 시,
내가 연 문들의 사 분의 일을
어떻게 닫아야 할지
오후 여섯 시에 골똘하면

보이지도 들리지도 않던
어머니의 자궁 문을 연 첫날부터
무슨 사연이든, 어떤 삶이든
'내가 세상의 문이다.'라는 정의는
빽빽한 솜털의 촉수같이
필수 불가결의 내 삶의 전체이다.

〈
당신 개개인은
더 변명할 수 없이
세상의 문임이 틀림없는데
뭐 그리 애 끓이느냐고 다독여
허허, 웃어넘기는 명답,
피하지 않으려는
내 중심에 문고리를 흔드는 소리 들린다.

4부

시와 시인

플루메리아꽃과 나

짙은 향내 흐르는 산책길에서
처음 대면한
너는 천상에서 방금 내려온
선녀 같아 눈이 부셨다

그날, 너를 만난 행운으로
나는 우아하고 싱그러운
성년이 되었고
행사 때마다
내 목에 플루메리아꽃 레이 걸어주며
사랑한다, 행복하다, 고백하는
너의 그 뜨거운 입술에 갇혀 버렸으니
물 좋고 공기 좋고 따뜻한
이곳을, 난들 어찌 떠날 수 있겠는가

어제도 오늘도 또 내일도
너에게 빠진 나를
내가 훔쳐보면서, 여생을
너와 더불어
아름답고 우아하고 행복하게 살련다.

수평선 위의 만찬

수평선 앞, 뒤에
산란하는 황혼빛, 바다 물결에
뒤채는 찬란함이
황혼의 공허를 대변합니다

피땀으로 얼룩진 하루를
수평선 위에 내려놓는 어룽진
이 애틋함은 누가 누구에게 베풀고 거두는
사랑입니까 그리움입니까

바다와 하늘이, 하나 되어
전하는 이별의 메시지
장엄하고 엄숙한 마침표를
새롭게 그려야 하는 나는
영락없이 수평선에 애태우는
노을입니다

황홀한 사랑으로, 뜨거운 열정으로
왔다 떠나는 순정純情이기에

약속된 내일을 위해
하늘이 예비한 수평선 위의
화려한 만찬으로 사위는
오늘의 서글픔을 즐기는 것입니다.

불꽃 나무

워너 크릭* 썬샛 공원에
불꽃 나무
잔가지와 여린 잎들이
햇볕을 끌어안고 벌겋게 타오르며
찬바람을 밀어낸 손이
내 발목을 잡는다

두꺼운 겉옷에 털 셔츠까지 껴입은
나는 이방인 같아서, 몸을 사리는데
주인 맞는 강아지처럼
벌 벌 벌 다가와
요리조리 살피며 악수하자
손 내밀며 머리 조아리는
그들 앞에서 나는 영락없이 철없는 아이다

건너편 푸른 초장에 여유로운
오리 떼와 갈매기 몇 마리
언제부터 한 동아리였는지
먹거리 쫓으며 엉덩이가

타들어 가는 줄도 모른다
두꺼운 겉옷 벗어 든
나도,
햇볕에 안겨 벌겋게 타오르는 공원
한 그루 불꽃 나무다.

*캘리포니아 샌프란시스코에 있는 도시 명.

담 안의 사과

포스터시[*]
동네 길을 지나노라면
집집의 담장 안에 열린
오랜지, 레몬 같은 과일이 늘 풍성하다

그중에 초록 잎 사이사이 들추고
반짝이는 빨간 얼굴의 사과
특유의 싱그러운 향은 저절로
군침이 돌게 한다, 내 것이었다면
딴생각 없이 쓱쓱 옷깃에 문질러
한입 베어 먹었을 텐데
담이 금을 그어 놓고
서로 움츠리게 한다

새삼스럽게
네 것 내 것 없이 나눠 먹던 시절의
이웃이 그립다
벽 한 칸 사이를 두고 살며, 누가 누군지
외면하고 사는 현실이 암울하게 다가온다

〈
서로서로 존중하고, 위로해 주는
정 넘치는 세상이 언제였는지
그날이 다시 오기를 기다리는 내 생각을 아는지
저 사과 부끄러움 타는지
내 마음 더욱더 붉다.

*캘리포니아 샌프란시스코에 인접해 있는 도시 명.

11월의 이미지

시원해졌다 하는 말 엊그제였는데
벌써 눈이 왔다 쌀쌀하다
옷 단단히 챙겨 입으라는 등
11월은 제 기분, 제 뜻에 맞추라며
나와, 세상을, 쥐락펴락 경중댑니다

익은 들을 거두어들이랴
김장 준비 서두르랴
수능 치르는 아이 걱정하랴
짧은 해와의 시간의 틈을
비비적거리는 도시와 농촌의
하루하루를 쥐어짭니다

각자의 일에 쫓기지만
하나 같이 같은 길을 건너는
가을에서의 초겨울은 언제나
그리고 누구에게나 허전함에서 채우려는
북적거림의 장이 서곤 합니다

〈
누가 누가, 누구에게 하는
부탁이 아닙니다
자기 스스로 자기를
시원하게 거둬야 하고
옷을 단단히 챙겨 입었을 때
완성으로의 뿌듯한 감격은
짧은 햇빛으로도 든든합니다.

시와 시인

아니, 이게 누구시더라
누구는 누구겠어요
이 글방 기웃거리는 시인이지
벌써 잊으셨나요, 섭섭하려고 합니다

아이고, 그 무슨 말씀을요
나 이렇게 샘물 같은 가슴으로 품은
이녁을 오매불망 기다렸다는 뜻입니다

그러시군요, 알토란 같은
내 글들이 해님 얼굴같이 반짝반짝
시, 때를 가리지 않고 나를 불러주어
이제라도 '시 마을' 글방을 찾았습니다

오매, 좋은 거
이왕 오시려면 조금 일찍 오실 것이지
내 왕방울만 한 눈알 튀어나온 것 안 보여요
이녁의 게으름을 참느라
내 배가 허리에 딱 붙어버릴 뻔했답니다

〈
아따, 지금 왔으면 되였지
아직, 보채시다니요, 죄송스럽습니다
히히, 이제 안심하시어요
방문 온 오누이들 어제 돌려보냈습니다

나, 당신을 만난
첫 순간부터 나를 다시 보여주신
당신에게
깊이 빠졌음을 다시 고백합니다.

두 개의 그림자

밤길을 가다가
가로등 불빛에 비치는
내 크고 작은 두 그림자를 보았습니다

아이 적에는 어려서 몰랐고
장성한 뒤에는 철이 들어서 안 보였던
크고 작은 가로등 불빛이 거미줄처럼 얽혀
길인 듯 나와 하나를 이루고
거리를 좁혔다 넓혔다 끝없이 따라옵니다
시를 짓듯 소설을 쓰듯…

그들의 문장을 읽으려고
내가 두 눈을 반짝이면 반짝일수록
작은 내 그림자는 또렷해지고
키 큰 내 그림자는
어느새 저만치 희미해집니다.

세상사
외줄 타듯 살아온 내 삶이 나도 모르게

두 그림자 사이에서 오락가락합니다
그림자도 덩달아 서성거립니다
그동안 오래 살았다고
이제는 한쪽을 선택할 때라는데
무슨 미련이 남아서인지 아직도
희미하게 사라지는 그림자가 더 크게 보이니
가로등 불빛 내 나이를 태우나 봅니다.

세상아, 걱정하지 마라

지는 해, 차마
마주할 수 없어서 등 돌리면
발밑 그림자
길 앞에서 점점 길어지다가 희미해지고
그러다가 사라지겠지만

세상아, 걱정하지 마라

낮 동안 뜨거움에 달뜬 햇볕 알갱이
아직 다 사르지 못한 잔상은
파도타기에 홀린 사람들의 뒷덜미
움켜쥐고 아쉬워 망설이는데

세상아, 걱정하지 마라

해지면 낮달
잠에서 깨어나고
밤 깊어가면
별들은 하늘에서 돋아나

어둠도 반짝이는 꽃밭이 되느니

세상아, 걱정하지 마라

사람 한평생 사는 것이
밤뿐이더냐
낮뿐이더냐
기쁨도 있고 슬픔도 있고
그렇게 이어가다 보면 죽음도
영원일 수 있나니

세상아,
내 걱정하지 말고
네 할 일이나 잘해라.

수족관의 돌고래

그사이 정들었나
수족관 고래
방생하려는데
더부살이
편안한 삶에 제 본향 잊은 걸까
넓고 푸른 세상이 눈앞에 있는데
수족관 문에서 머뭇거리며
자꾸 뒤돌아본다

세상 물정 몰랐을 때
부모 품에서 벗어나고 싶어 하던
철없던 내 유년을 보는 것 같아
부끄럽기도 하고 안타깝다

저 고래도 나처럼
세상을 배우고
살아가는 법을 깨우치는구나!
방송으로 보는 풍경에서
지난날의 나를 들여다보며

새날을 설계한다

지금껏 살아오며
한 번쯤 세상 유혹에 흔들린 일 없이
사람이든, 돌고래든, 바닷속 해초든,
제 자리만 지킬 수 있었겠는가
모두가 앞을 보고 또 뒤돌아보면서, 그렇게
저를 지키는 것이다, 저를 키우는 것이다.

바다를 보는데

늦은 밤 해변에 나가
바다를 보는데
물과 물이 포개어 파도를 세운다
어디서 얼마만큼 키운 이빨인지
많은 물고기 떼를 삼키고도
아직 배 속이 허전한 걸까
고래등같은 몸통에 길고 짧은 키
가늠도 안 되는 날카로운 허연 이빨
사이사이 뻗어내는 급하고 거친 숨결은
읽히지 않는 속력을 감추고 있어, 절대
지루한 적 없다

바다를 지우듯 어둠 걸러내는
밤바다 풍경에 붙들려
세월에 쌓인 찬바람을 쫓는데

벼락 치는 비명
방파제 아래서 실종된다
산산이 부서져 널브러진 이빨 조각들이며

지워진 발자국의 안부가 궁금해도
다 아는 속이라 확인도 못 했는데
슬며시 다가와 혀끝 달콤한 입맞춤으로
이별을 고하는 네가
좋아 자꾸만 찾아온다
외로움일까 밤이면 너도 외롭니
바다야.

흙, 당신이 되고 싶습니다

빈손인 것 같지만
생명을 틔우고 거두는
무한 능력의 흙 당신 품에 안기면
언제 어떤 상황이라도 넉넉해서
닮고 싶은 마음 생수처럼 솟칩니다

채워지면 채워지는 대로 비워내고
비웠는가 하면 언제부터인지
채워 놓는 어머니 같은 당신 보며
특별히 고맙다거나 칭찬하지 않아도
몇 천 년씩이라도 그 모습 그대로인
당신은, 또 나를 이 세상에 낳아
빈칸 하나를 채웠습니다

태양을 안고 달을 품어 주시듯
세상과 나를 품고, 다듬으며
햇볕 밝은 낮이나, 어두운 밤이나
그저 기꺼워 어쩔 줄 모르는 당신을
감싸고돌며 어루만지고 밟아 대면서

특별히
고맙다는 인사 한번 챙긴 일 없지만

당신은 너무나 따뜻하고 깊어서
당신 딸이라는 자부심 하나만으로도
나는 감히 당신의 방대한 열정을
가진 듯 기쁩니다, 살든지 죽든지
언제, 어디서 든
흙 당신은 내가 편하게 안길 수 있는
내 어머니십니다.

12월의 결단

기쁜 소식도 듣고
슬픈 소식도 들었습니다
꽃 피고 꽃 지는 사이
잎 지고 눈 쌓인 겨울 소식
12월이 품은 결단입니다

올봄에
손자, 손녀를 보면서
우리 집 정원도 함빡 웃음꽃 피웠습니다
피붙이와는 아무 상관없는
친한 친구의 불행한 소식을 들으며
왜 내 일처럼 슬픈 것인지
눈물 찍어낸 일 있었습니다

바람이 낙엽을 쓸어가는
12월이 결단을 앞다퉈
똥 마려워 킁킁거리는
강아지처럼 안절부절 꽃 지우고
나뭇잎 떨어트린 12월

어떤 옷을 갈아입어야 할지 무겁고 메마른
모래주머니를 둘러매고 온 삶
돌아보며 서성이는 2014년
내 몫으로 다가선 결단의 12월도
지나가고 있습니다
마음을 비워야 한다고 타이르지만
세상은 혼자의 것이 아니어서
절대 외면 못 한다고 조곤조곤 타이릅니다.

너무 예뻐

10월 초, 정오의 햇빛을
땡볕이라 해야 하나
더위로 몸이 허약해진 걸까
땀이 배기 시작한 축축한 옷이
마땅찮아 편해 보이는
돌 위에 앉아 숨 고르다가
계곡 타 내린 촘촘한 나무 사이에
얼굴 빠꼼이 내민 빨간 꽃 한 송이가
아주 예뻐
꺾어가고 싶어 이리저리 살피다가

내가 이 꽃을 꺾으면
이 꽃은 죽은 목숨인데!
애잔함은
이 꽃의 생명을 꺾을 수가 없다

산골짝에 피운 주인 없는 꽃이라고
함부로 꺾어 죽게 한다면
이곳을 지나는 다른 이들은

또 얼마나 팍팍할까
내가 너를 아껴두면
여기를 지나는 사람들도
너를 보면 즐거워하겠지

이제부터 숨어 있지 말고
나를 만난 것처럼 많은 사람과
만나고 행복해라.

■□ 해설

세상의 것을 바라보는 근원적 이슬

최연수(시인, 문학평론가)

 체험을 통한 시적 경험은 대상과 끊임없이 접촉하면서 축적된다. 어떻게 생각하느냐가 어떻게 보느냐를 결정하듯이 시적 정황을 포착, 미학적 울림이 되도록 고민하는 과정이 시가 아닐까 싶다.

 삶은 어제와 오늘 그리고 미지의 내일을 순간순간 이어가는 체험의 연속이다. 이런 연속성을 가진 삶에서의 시 쓰기는 대상이나 사물에 대한 오랜 관찰의 시간이 필요하다. 왜냐하면, 사물의 본성을 찾아내 시인이 체득한 삶에 대한 인식 너머의 것들까지 엿볼 수 있기 때문이다.

 어제의 조각만 만지작거리기보다 따뜻한 감성을 잇대어 새롭고 진정성 있는 길을 찾아가는 것이 진솔한 삶이라 본다. 멀리 하와이에서 우리말로 시를 쓰는 강민경 시인이 걸어온 길들을 따라가 보면, 우리가 찾던 시적 진정성이 보인다.

"내게 당면한 문제를 해결하지 못하면/ 나에게만 있는 외로움이 더 야속하지요/ 그렇다고 14년 동안 꾸준히 즐겨 써왔는데/ 그만한 일쯤으로 붓을 접을 수는 없지요"

인용한 시인의 말에서 시인의 작가적 고뇌는 물론 시에 대한 의미를 엿볼 수 있는데, 이는 보다 인간적으로 다가온다. 당면한 현실을 기꺼이 이겨내며 쓴 시편들이 진정성과 밀접하다는 것이다.

1부 이슬의 눈

"나와/ 눈 맞추는 눈/ 이슬에도 눈이 있다"(「이슬의 눈」)에서 보여주듯이, 시인의 눈과 대상의 눈은 동시적 감성을 가진다. 그런 연유로 인하여 생의 긴박감을 내려놓은 채 바라보는 세상의 존재가 맑고 투명하다. 시인은, 생의 경험적 사실들을 단선적으로 표현하는 데서 그치지 않고 생을 둘러싼 시간의 무한한 겹들에 대한 맑은 통찰과 그 너머의 세계에 관한 인식들을 고요하게 들여다보고 있다.

자연과 인간의 교감 그리고 삶의 순수와 낭만이 잘 섞여 조화를 이루고 있는 1부에서 보듯, 강민경 시인의 시집은 꾸밈없는 세상의 부분 부분을 잘 끌어내고 있다. 자연의 생태는 인간의 모습과 유사하다. 시인은 연륜에서 오는 아득한 눈길로 세상의 것들을 담아낸다.

시인의 내면을 고요하게 접할 수 있는 다음의 시들을 살펴보기로 하자.

바다 위 가느다란
저 길도 길이라고 할 수 있을까

배가 허리에 딱 붙은
초승달

허기진 배 채우려고
은빛 밤 물살로 그물을 엮어
바다 위에 가난한 길을 내고 있다

바다 저쪽을 향하여 서성이는
내 고픈 생각을 살찌우려는 듯
수평선 넘는 돛단배 한 척
초승달이 만들어 낸 좁은 길 내며
잔잔한 바다를 깨우고
길을 건너는 내게 손 내밀어
친구 되자 한다.

-「초승달이 바다 위에」전문

몇 년을 살고 죽을지
내가 죽는 날이 몇 날 몇 시일지

알 수 없는 까닭에
　　뜨고 지는 해를 굳이
　　보려 말고
　　나고 죽는 날도 생각 말고
　　성심성의(誠心誠意)껏 살아라
　　하는 것이다.

　　－「뜨는 해, 지는 해」 부분

　초승 달빛이 비치는 바다의 고요 속에서 "가난한 길을 내"고자 하는 시인의 소망은 지난한 삶을 살아가는 사람들과 함께하고자 하는 바람일 것이다. 시인은, "뜨는 해도/ 지는 해도/ 눈이 부셔서 마주 볼 수가 없다/ 왜일까" 하는 의문을 "그렇지" 하면서 자연스럽게 삶을 받아 안는 시선과 잇댄다. 얼마나 더 살지가 중요한 것이 아니라 "나고 죽는 날도 생각 말고/ 성심성의(誠心誠意)껏 살아"가는 것이 삶이라는 것을 아는 까닭이다. 그런 삶의 이치를 자연의 이치와 잘 연계하여 끌어내는 솜씨가 비범하다. 그렇게 시인의 시는 자연스럽게 스며든다.

2부 별 하나 받았다고

　시 속 긴장의 끈을 따라가다 보면 시인의 눈길은 사회

적 약자나 어린아이, 가족에 닿아 있다는 걸 안다. 봉사와 사랑의 공통점은 타인을 위하면서도 결국 자신을 순화시키는 기능이 있다는 것. 그것을 인지한 시인이지만, 인간의 욕구 중에서 숙면만큼은 의지대로 되지 않는다. 고요한 세상의 일일지라도 한 점의 바람은 그 모두를 흩어 놓는다. 그리하여 시인은 내 안의 참된 고요를 꺼내 "새들처럼 깊이 잠들"고 싶은 소망을 읊조린다.

> 일일 노동에 지쳤는가! 만족한 것인가!
> 세상만사 다 잊고 잠든
>
> 꽃송이 같은 부동의 새들이 더
> 부러운 나는
> 세상에 감춰진 내 안의 고요를 꺼낸다
>
> 오늘 밤은
> 저 새들처럼 깊이 잠들 수 있겠다.
>
> - 「숙면熟眠」 부분

"어어 어/ 얼결에 받아 안고 자세히 들여다보는데/ 아니, 이게 누구야?/ 그토록 크고 찬란해 뵈던 별이/ 바로 내 옆자리 차지한 보화 덩어리/ 그이였다니!"(「별 하나 받았다고」)처럼 내 힘만으로 고요해지기 어려울 때, 내 옆에 누가 있어 위안을 받는다. 그래서 사랑하는 사람의 팔베개는 숙면의 가장 아름다운 자리, 고요가 전이되는 자리다. 믿음 또한 중요하다. "당신과 내가/ 서로 바라보는 마음이 같다면" 즉 서로 존중하고 믿음이 있다면 "걱정할 것 없잖아요" 시인은 다시 한 번 따뜻한 "별 하나 받"아 안는다.

  시편들을 읽는 독자들 마음이 한순간일지라도 편안해졌다면, 이는 시적 치유의 효과라 할 것이다. 시를 쓰는 이도, 시를 읽는 이도 주변을 천천히 돌아볼 수 있는 여유가 생기기 때문이다.

> 여보. 내가 해야 하는 일이 있는데
> 해도 걱정이고, 안 해도 걱정인데
> 당신이라면 어땠을까?
>
> 그 일이
> 어떤 일인지는 잘 모르지만
> 세상은 당신을 기다려 주지 않아요
> 그러니, 나라면 내 소신대로 할 겁니다
>
> 만일 당신 하는 일이 잘 안 되었다 해도
> 당신과 내가
> 서로 바라보는 마음이 같다면

걱정할 것 없잖아요

- 「당신의 소신대로」 전문

3부 바람의 면류관

  시인이 추구했을 순도 높은 언어의 정돈은 그가 인식하는 생의 실상 앞에서 급격히 요동쳤을 것이다. 그 요동치는 물결들을 잠재우는 데는 사랑만 한 것이 없었을 것이다. 그러나 예수님의 사랑을 실천하는 시인의 각오는 거창한 것이 아니어서 "괜찮습니다, 아버지/ 이 여식/ 큰 부자는 아니지만/ 물려주신 올곧은 정신 본받아/ 다복한 가정 이루고 아들딸 잘 키워냈습니다."(「바람의 면류관」)라고 소박한 믿음을 드러냈을 것이다. 바람의 가시 왕관을 쓴 아버지는 자신이 쓴 면류관을 자신들에게 넘겨주고 싶지 않았을 것. 반면 자식은 부모에게 자신이 다복하게 살고 있다는 것만 보여주면 되었을 것, 그 속에서 사랑은 서로에게 커다란 힘이 되었을 것이다. 그 힘으로 서로를 견디어 나가게 하였을 것이다.

  3부에서는 남녀 간의 사랑뿐만 아니라 가족 간의 사랑 그리고 사회의 아픔까지도 사랑으로 다스리고 있다. 더불어 시인은 자아 속에 살아 있는 그리움마저 사랑으로 승

화시키는데, 다음의 시에서 독자는 시인이 가지고 있는 '당신의 심장 같은 사랑'을 가슴으로 꼭 껴안을 수 있을 것이다.

> 그 심장 어딘지 나는 모르겠는데
> 딱 잡아떼다가도
> 아차! 그렇지! 그래!
> 내 옆에 둔 걸 깜빡했네!
> 그러니까
> 귀한 줄 알았으면 더더욱 아껴야지
> 아프게 하면 쓰나
> 너털웃음, 은근슬쩍 허공을 메우는
> 때맞춰 불어오는 산들바람
> 상큼하다.
>
> – 「당신은 내 심장이잖아」 부분

4부 시와 시인

시인의 시는 시를 형성하는 "시와 시인" 두 축이 어떻게 서로를 조화롭게 하는지를 잘 보여준다. 강민경 시인은 시적 기교보다는 시인의 눈으로 직접 보고 체득한 시적 경험에 무게를 둔다. "어제도 오늘도 또 내일도／ 너에게 빠진 나를/ 내가 훔쳐보면서, 여생을/ 너와 더불어/ 아름답고 우아하고 행복하게 살련다."(「플루메리아꽃과 나」)에서처럼 꽃(시)에 빠진 나를 지극하게 바라보고 있는 시인의 진정성을 느낄 수 있다. 더불어 사람과 사람 사이의 교감을 중요시하고 있는데 "서로서로 존중하고, 위로해 주는/ 정 넘치는 세상이 언제였는지/ 그날이 다시 오기를 기다리는 내 생각을 아는지/ 저 사과 부끄러움 타는지/ 내 마음 더욱더 붉다"(「담 안의 사과」)고, 시와 시인의 관계, 객관화된 대상과 시인의 관계에 집중하고 있다.

시와 시인의 관계는 또한 지고지순해서 "나, 당신을 만난/ 첫 순간부터 나를 다시 보여주신/ 당신에게/ 깊이 빠졌음을 다시 고백합니다."(「시와 시인」)라고 읊는다. 이 얼마나 순수한 첫사랑인가. 아무것도 바라지 않고 당신을 통해 나를 보는 첫사랑 '시'는 시인의 삶의 일부라 감히 말할 수 있다.

아래 두 편의 시를 말미로 두는 것은, 시인이 말하고자 하는 것들이 잘 담겨 있기 때문이다. 세상의 걱정은 10%로도 할 것이 없다는 시인. '세상 너나 잘 하고 있'으면 된다는 시인에게서 한껏 위로를 얻는다.

> 사람 한평생 사는 것이
> 밤뿐이더냐
> 낮뿐이더냐

기쁨도 있고 슬픔도 있고
그렇게 이어가다 보면 죽음도
영원일 수 있나니

세상아,
내 걱정하지 말고
네 할 일이나 잘해라.

—「세상아, 걱정하지 마라」 부분

내가 이 꽃을 꺾으면
이 꽃은 죽은 목숨인데!
애잔함은
이 꽃의 생명을 꺾을 수가 없다

산골짝에 피운 주인 없는 꽃이라고
함부로 꺾어 죽게 한다면
이곳을 지나는 다른 이들은
또 얼마나 팍팍할까
내가 너를 아껴두면
여기를 지나는 사람들도
너를 보면 즐거워하겠지

이제부터 숨어 있지 말고
나를 만난 것처럼 많은 사람과
만나고 행복해라.

- 「너무 예뻐」 부분

 강민경 시인이 바라보는 세상이 100% 낙원은 아닐 것이다. 그러나 시인은 사람들과 부대끼면서 얻어내는 것들을 소중히 여긴다. 그 소중함과 더불어 생명을 사랑하고 행복할 수 있음에 감사하며 새로운 길을 내고자 한다. 그 길은 거창하지 않은, 어렵지 않은 시어로 가꾸어 가는 길이다. 직접 하느님의 이야기를 끌어 오지 않아도 그 안에 가득 숨겨져 있는 사랑을 독자들에게 내어주는 길이다. 독자는 그것을 소중하게 발굴해 읽어내면서 시인과 시의 힘을 믿으리라 본다.
 강민경 시인이 더 따뜻한 소망을 캐내어 다음 시집에서 소상하게 보여줄 것을 기대해본다.